發明家？

參考書目

研究室

負責祕密計畫

受冷落

科學家

好奇

哪個才是真實的
海蒂・拉瑪？

「獻給我的女兒Kim和Lisa。」——蘿莉‧沃瑪克

「獻給吾友Rosie。」——吳菁蓁

作者簡介|

蘿莉‧沃瑪克（Laurie Wallmark）

屢屢獲獎的蘿莉‧沃瑪克，繪本處女作《愛達‧勒芙蕾絲與會思考的機器》（Ada Byron Lovelace and the Thinking Machine）獲得美國亞馬遜四顆星好評和許多美國國內的獎項，例如傑出科學圖書獎（Outstanding Science Trade Book）。她的傳記繪本《程式語言女王——揪出電腦bug的葛麗絲‧霍普》（Grace Hopper: Queen of Computer Code）榮獲《科克斯書評》（Kirkus Reviews）星級評價，也是美國家長首選金獎（Parents' Choice Gold Award）得主，還入選了包括紐約公共圖書館在內的幾個公共圖書館的「最佳書單」。蘿莉‧沃瑪克擁有佛蒙特藝術學院（Vermont College of Fine Arts）兒童青少年寫作碩士學位。不寫作的時候，她在教電腦科學。她的個人網站是　www.lauriewallmark.com，推特帳號是@lauriewallmark。

繪者簡介|

吳菁蓁（Katy Wu）

畢業於美國帕沙第納藝術中心設計學院（ArtCenter College of Design）的插畫和娛樂藝術學系，客戶包括Google、萊卡娛樂、皮克斯、Cinderbiter動畫工作室，以及賽門舒斯特出版社（Simon ＆ Schuster）。曾經參與像是動畫長片《第十四道門》（Coraline）這類出色的計畫，以及《月光光》（La Luna）和《拖線狂想曲》（Car Toons）等各種動畫短片，還設計電腦繪圖、2D動畫、定格動畫、線上遊戲、社群媒體平台的內容。目前在紐約定居和工作，更多資訊請至網站關注她的動態katycwwu.tumblr.com

◖◗知識繪本館

女力科學家2　祕密通訊女神

斜槓發明家海蒂‧拉瑪

作者｜蘿莉‧沃瑪克（Laurie Wallmark）

繪者｜吳菁蓁（Katy Wu）　譯者｜畢馨云

責任編輯｜張玉蓉　美術設計｜陳宛昀　行銷企劃｜劉盈萱

天下雜誌群創辦人｜殷允芃　董事長兼執行長｜何琦瑜

媒體暨產品事業群

總經理｜游玉雪　副總經理｜林彥傑　總編輯｜林欣靜

行銷總監｜林育菁　版權主任｜何晨瑋、黃微真

出版者｜親子天下股份有限公司　地址｜104臺北市建國北路一段96號4樓

電話｜（02）2509-2800　傳真｜（02）2509-2462　網址｜www.parenting.com.tw

讀者服務專線｜（02）2662-0332　週一～週五：09:00~17:30

傳真｜（02）2662-6048　客服信箱｜parenting@cw.com.tw

法律顧問｜台英國際商務法律事務所‧羅明通律師

製版印刷｜中原造像股份有限公司

總經銷｜大和圖書有限公司　電話｜（02）8990-2588

出版日期｜2021年3月第一版第一次印行
　　　　　2024年1月第一版第三次印行

定價｜320元　書號｜BKKKC170P　ISBN｜978-957-503-846-5（精裝）

訂購服務─────────────────────

親子天下Shopping｜shopping.parenting.com.tw

海外‧大量訂購｜parenting@cw.com.tw

書香花園｜臺北市建國北路二段6巷11號　電話｜（02）2506-1635

劃撥帳號｜50331356　親子天下股份有限公司

國家圖書館出版品預行編目資料

女力科學家. 2：祕密通訊女神：斜槓發明家海蒂.拉瑪/蘿莉.沃瑪克(Laurie Wallmark)文；吳菁蓁(Katy Wu)圖；畢馨云譯. -- 第一版. -- 臺北市：親子天下股份有限公司, 2021.03
48面；21.6x27.6公分. --（知識繪本館）注音版
譯自：Hedy Lamarr's double life：hollywood legend and brilliant inventor.
ISBN 978-957-503-846-5（精裝）

1.拉瑪(Lamarr, Hedy) 2.傳記 3.無線電通訊 4.通俗作品

785.28　　　　　　　　　　　110000627

秘密通訊女神

斜槓發明家 海蒂·拉瑪

Hedy Lammarr

文／蘿莉·沃瑪克
圖／吳菁蓁
譯／畢馨云

海蒂‧拉瑪（Hedy Lamarr）過著雙重身分的生活。她除了是個美豔、家喻戶曉的電影明星，私底下更是個傑出的發明家。而知道這件事的，只有她的密友。

海蒂‧拉瑪最重要的發明，是一項叫做「跳頻展頻」（frequency-hopping spread spectrum）的技術。這是個科學突破，能幫助我們確保手機簡訊傳輸時的私密性，防止駭客入侵我們的電腦。如果沒有海蒂‧拉瑪的創新構想，我們每天使用的電子產品，可能會更容易遭受攻擊。

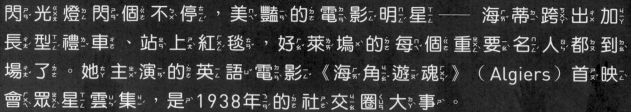

閃光燈閃個不停，美豔的電影明星——海蒂跨出加長型禮車、站上紅毯，好萊塢的每個重要名人都到場了。她主演的英語電影《海角遊魂》（Algiers）首映會眾星雲集，是1938年的社交圈大事。

媒體和攝影師簇擁著她，要是他們知道這位世上最美的女人背後真正的故事就好了。

「大家好像都覺得我有張漂亮的臉蛋
所以很笨……為了說服大家
我也有聰明的腦袋，
我得比別人更加努力。」

這位好萊塢傳奇女星，對浮華的生活不感興趣。她熱愛科學和工程，還把自己的華麗客廳，改造成發明家的研究室，擺放一些工具、一張製圖桌，和許多專業書籍。演戲之餘，海蒂會趕回家，繼續構想她的新發明。

她的腦袋裡，裝著一個又一個很棒的點子。

雖然海蒂從未嘗試賣出這些發明，但她還是盡力做出最好的設計。

**旅行時
覺得口渴嗎？**

海蒂做了一種調味塊，可讓白開水變成汽水。

「對我來說，『發明』是一件很容易做的事。我猜我真的是從外星球來的。」

一種幫助人進出
浴缸的輔助設備

怕寵物走失嗎？

海蒂設計了一種可在黑暗中
發光的狗項圈。

附在面紙盒上的
風琴夾收納袋

海蒂發明這種收納袋來盛裝
用過的面紙。

新的交通號誌

可顯示燈號會在何時
變換。

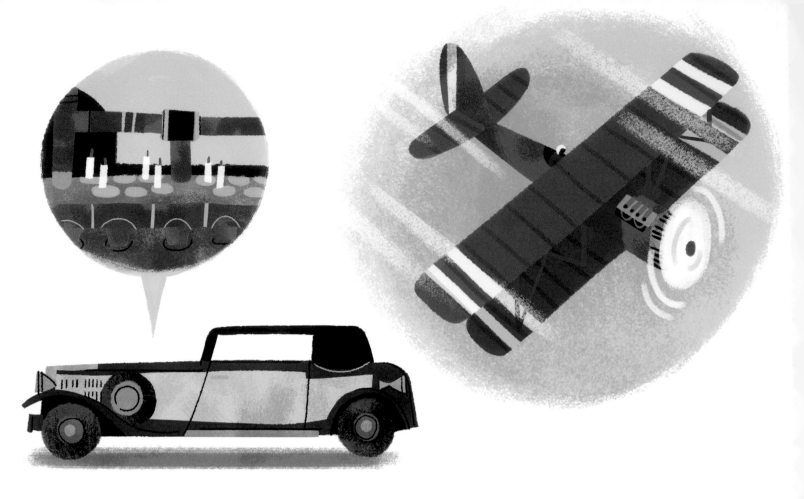

1920年代初期，海蒂還是個在奧地利生活的孩子，就已經有滿滿的好奇心，想知道各種東西背後的原理。驅動汽車的動力是什麼？哪種馬達用在飛機上效果最好？如何改良機器的設計？海蒂五歲時，就曾經把自己的音樂盒拆開，研究裡面的機件。

「父親會鼓勵並告訴我要堅持自己的夢想，
如果我堅持下去，
夢想就會實現。」

海蒂的父親跟她一樣熱愛科學和科技。他們在故鄉維也納經常一邊散步，一邊交換自己對一切事物的想法，從電車說到印刷機，甚至還聊到在夜空中的星座。海蒂很想了解這些事物背後的科學與科技。

小⼩海ㄏㄞ蒂ㄉㄧ也ㄧㄝ醉ㄗㄨㄟ⼼ㄒㄧㄣ於ㄩ電ㄉㄧㄢ影ㄧㄥ。 只ㄓ要ㄧㄠ有ㄧㄡ機ㄐㄧ會ㄏㄨㄟ， 她ㄊㄚ就ㄐㄧㄡ會ㄏㄨㄟ
偷ㄊㄡ偷ㄊㄡ溜ㄌㄧㄡ去ㄑㄩ電ㄉㄧㄢ影ㄧㄥ院ㄩㄢ。 回ㄏㄨㄟ到ㄉㄠ家ㄐㄧㄚ後ㄏㄡ， 海ㄏㄞ蒂ㄉㄧ會ㄏㄨㄟ再ㄗㄞ演ㄧㄢ⼀ㄧ
遍ㄅㄧㄢ她ㄊㄚ最ㄗㄨㄟ喜ㄒㄧ歡ㄏㄨㄢ的ㄉㄜ場ㄔㄤ景ㄐㄧㄥ， ⼀ㄧ⼈ㄖㄣ分ㄈㄣ飾ㄕ所ㄙㄨㄛ有ㄧㄡ⾓ㄐㄩㄝ⾊ㄙㄜ。

她在父親的書桌底下搭起舞臺， 用洋娃娃扮演童話故事裡的英雄和壞蛋， 為假想的觀眾表演。 至於現實世界中，海蒂參加了學校戲劇表演， 還在音樂節上唱歌。

總是懷著夢想的海蒂， 很想躲進電影世界裡。她的機會很快就來了。

「我這一生一直很愛演戲
和扮家家酒。」

海蒂的第一份工作，是在維也納的某個電影製片廠擔任場記。後來機會來了，某部電影缺臨時演員，海蒂馬上去應徵。她獲選成為餐廳場景裡的小角色，雖然只是個小角色，但給了海蒂邁向成名之路的第一步。

海蒂不斷練習演技。她模仿家人和朋友，甚至是路人。她學人們走路和說話的方式。她模仿他們的舉止、動作和臉部表情。

「那時我隨時都在演戲……
我就像一本小小習字簿。
我把大家記下來，寫在我身上。」

沒多久之後，海蒂就在一部戲劇中演了主角。她吸引到極為有名的好萊塢製片人路易‧梅耶（Louis B. Mayer）的目光。他對海蒂的才華印象深刻，於是提供她一份長達七年的電影工作合約。從此，海蒂撇下家人離開歐洲，在美國定居。

「我咒罵我的臉，它一直是我的厄運，是一副摘不掉的面具，但我不得不接受它。」

奇異的愛情
在富有神祕色彩
的卡斯巴城裡！

查爾斯·鮑育　海蒂·拉瑪

海角遊魂

海蒂才上了短短六個月的英語課，就主演了她的第一部美國電影。

梅耶覺得耀眼迷人的明星，需要一個有好萊塢味道的名字，於是「海德薇希·艾娃·瑪麗亞·基斯勒」（Hedwig Eva Maria Kiesler），就變成了「海蒂·拉瑪」。

海蒂又在許多深受喜愛的電影裡擔任主角，包括根據聖經故事改編的《霸王妖姬》（Samson and Delilah），和喜劇片《摯愛偵探》（My Favorite Spy）。她和當時幾位最有名的影星搭檔演出，像安潔拉·蘭斯貝瑞（Angela Lansbury）、吉米·史都華（Jimmy Stewart）、茱蒂·嘉蘭（Judy Garland）、克拉克·蓋博（Clark Gable）等人。

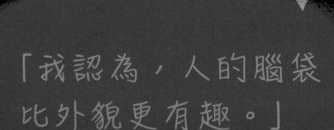

「我認為，人的腦袋比外貌更有趣。」

安潔拉·蘭斯貝瑞

吉米·史都華

茱蒂·嘉蘭

克拉克·蓋博

海蒂的電影即便只有幾個小時，也能讓人逃離戰爭的喧囂。那時第二次世界大戰如火燎原，人人都感到恐懼。納粹黨員已經占領德國，納粹士兵也入侵了許多歐洲國家。

海蒂在朋友的晚宴上，認識了現代音樂作曲家喬治·安塞爾（George Antheil）。她聽說他以前是武器稽核員。這讓海蒂想到她還在歐洲的時候，無意間聽到一段討論魚雷導引系統出了狀況的對話。

「對於未來，
『希望』與『好奇心』似乎比
『確保無虞』來得好。
我的風格就是這樣。」

那個導引系統無法防止敵方干擾魚雷的無線電訊號，因此敵軍可以命令魚雷偏離原定目標。這會帶來慘重的後果。

海蒂問喬治，美國海軍的魚雷系統是不是出過類似的問題。

正如海蒂所猜測的，他們也遇過同樣的問題。

這兩位發明家決定結合兩人的才能，想出解決問題的方法。 在發明工作之餘，他們用鋼琴上的遊戲互相挑戰。

喬治的手指在琴鍵間快速跳躍，海蒂的手指也配合他敲出的琴音，在琴鍵上飛快彈出對應的音高。

她每按一個琴鍵，鋼琴上的一條鋼弦就會迅速來回振動。 這條琴弦的振動速率，或說是頻率，會讓那個琴鍵發出該有的正確音高。

「你看，
我們用琴音來對話，
而且隨時在改變。」

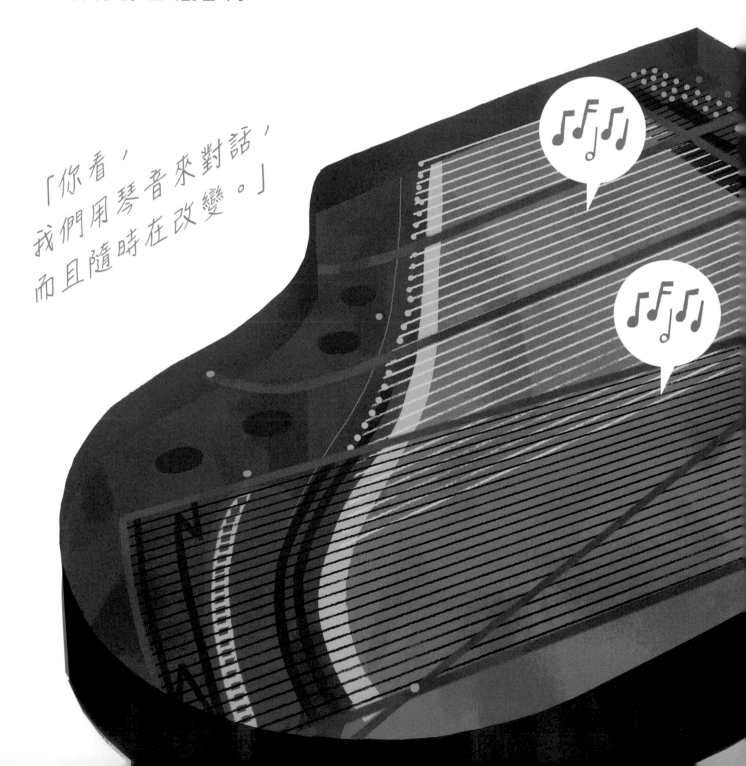

海蒂領悟出，即使音高一直在變，她和喬治仍然可以彈出同一個曲調。她只要去配合琴音的頻率就行了。

這讓她靈機一動。

她想到做出安全魚雷導引系統的點子。

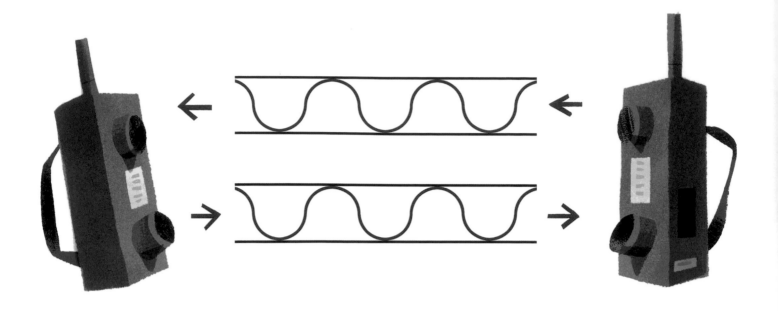

1940年代初期，這些導引系統的運作原理，就像雙向通話的無線電對講機一樣。為了讓無線電對講機能夠通話，兩邊的話機都必須調成相同的頻率。就像鋼琴上的弦，兩支對講機之間的無線電波頻率是獨一無二的。兩支無線電對講機要設定成同樣的頻率，才能進行通話。

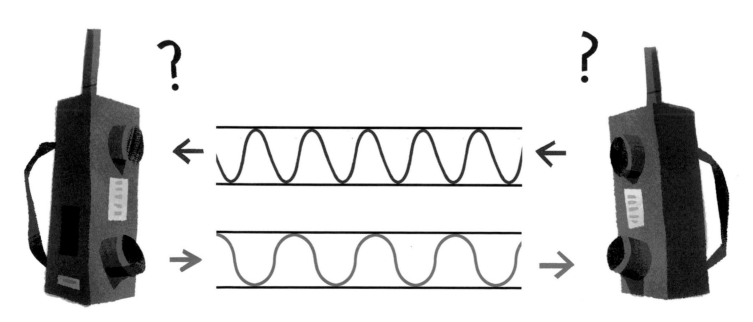

魚雷導引系統過去是這樣運作的：船艦上發射魚雷的設備和魚雷本身，必須設定成相同的頻率。如果敵軍得知這個頻率，他們可能就會想辦法干擾。

海蒂提出一個改良的系統，運作起來很像是有好幾組無線電對講機，每一組都要設定成獨一無二的頻率。這個系統可以時時刻刻切換要由哪組「對講機」傳遞訊息。

「那個點子就這樣突然從我的腦中
冒出來……我以前從沒想過這種東西，
以後大概也不會再想到。」

F：頻率

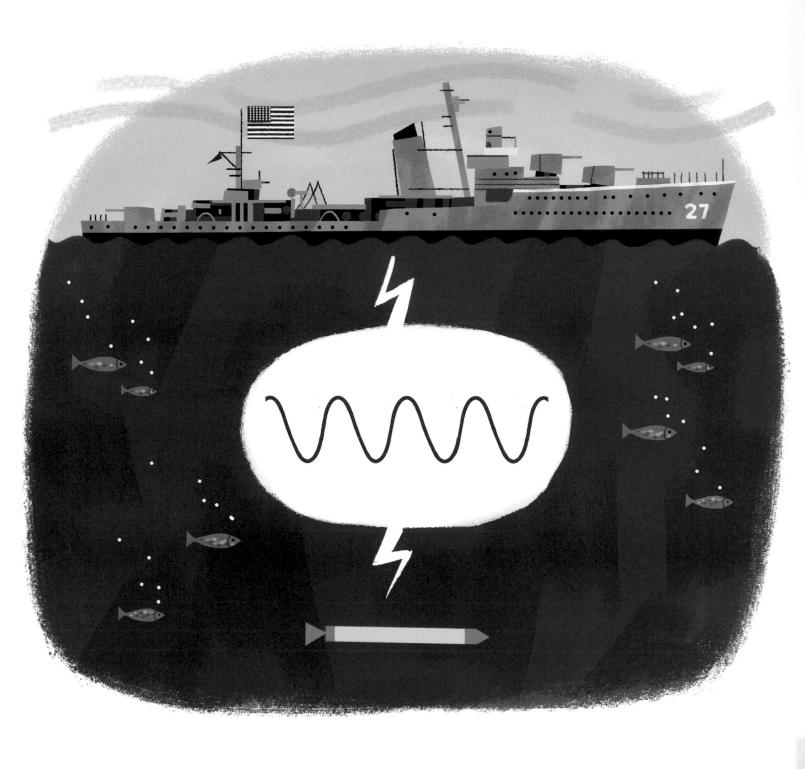

海蒂提出的系統裡，實際上並沒有一大堆無線電對講機，而是利用了一個可以迅速轉換頻率的裝置。只要船艦上的裝置和魚雷上的裝置同時調到相同的頻率，它們就可以進行通話。海蒂把她發明的東西稱為「跳頻」（hopping of frequencies）。

海蒂和喬治每天晚上都在腦力激盪，討論要如何落實她的構想。

在他們發明的導引系統中，跳頻是最重要的環節。就算敵軍無意中聽到一部分的訊息，也無所謂，因為裝置已經跳到新的頻率了。敵方無法干擾訊息，除非他們知道某一刻所採用的頻率。

「我解釋了那個構想
的基本概念，
落實的部分則出自喬治。」

海蒂和喬治把另一個安全防護功能加進他們的系統。這個功能會先把訊息切割成許多段，再以短脈衝串傳送。這些脈衝串非常短，敵方可能根本沒察覺有訊息傳送出去了。

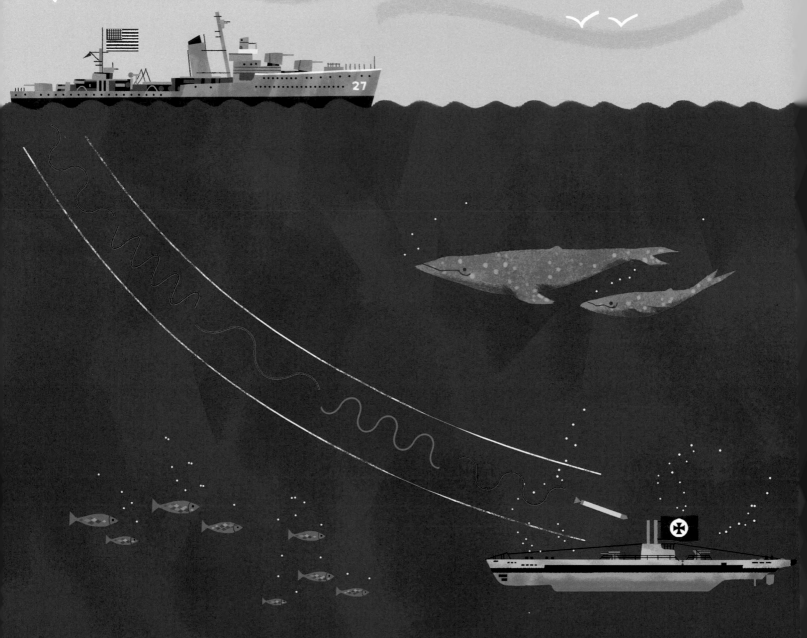

海蒂和喬治跟美國發明家委員會（National Inventors Council）分享了他們的構想，這個委員會專門負責評估可能有軍事用途的發明。委員會告訴他們，他們的構想有「很大的潛在價值」，而且是「最新的構想」。

「凡是有創意的人，都想要做出人意料的事。」

他們的系統仍需自動化， 這樣才能在無人操控的情況下正常運作。 必須有某種方法， 確保兩個裝置同時使用了相同的頻率， 沒做到這一點， 系統就毫無用處了。

海蒂記得喬治曾安排十六架自動鋼琴同時演奏。 讓上頭打了孔的紙卷轉動， 就能告訴鋼琴該彈奏哪些琴鍵及何時要彈奏。

在海蒂和喬治的發明中，是由船艦與魚雷上一卷卷的成對色帶在控制這個系統。色帶上的打孔，表示系統當時是用哪個頻率，可以讓發射器和接收器同時改變頻率。

F：頻率

「改良東西對我來說是輕而易舉的事。」

經過好幾個月的努力，海蒂和喬治完成了祕密通訊系統。他們畫了設計圖，寫了詳盡的說明，還填了申請專利表。如果專利獲准，就沒有人可以竊取海蒂和喬治的點子。

他們把專利申請表送交政府，然後等待審核結果。

他們等了又等。
等了又等。

「無論如何都要做對做好、
大膽想像、創新突破……」

過了一年多，在 1942 年 8 月 11 日，他們獲得專利了，「跳頻展頻」這個革新的發明，隨時可以跟世人分享了。

他們馬上把構想和專利都交給美國海軍。海蒂很自豪自己提出的構想，有可能協助美軍打贏戰爭。

「我們現在處於戰爭狀態，
而且是一段令人焦慮
不安的時期。」

美國專利局
海蒂・拉瑪　祕密通訊系統　喬治・安塞爾

機密

很不湊巧，戰爭時美國海軍既沒時間，也沒經費實行新系統。他們不願意開發海蒂和喬治的發明，更糟糕的是，他們把這項技術列為機密，這讓任何人都無法利用這項技術，包括原發明人在內。

海ㄏㄞˇ蒂ㄉㄧˋ尋ㄒㄩㄣˊ找ㄓㄠˇ別ㄅㄧㄝˊ的方ㄈㄤ法ㄈㄚˇ，幫ㄅㄤ助ㄓㄨˋ美ㄇㄟˇ國ㄍㄨㄛˊ打ㄉㄚˇ垮ㄎㄨㄚˇ令ㄌㄧㄥˋ人ㄖㄣˊ憎ㄗㄥ恨ㄏㄣˋ的納ㄋㄚˋ粹ㄘㄨㄟˋ。她ㄊㄚ發ㄈㄚ現ㄒㄧㄢˋ可ㄎㄜˇ以ㄧˇ運ㄩㄣˋ用ㄩㄥˋ自ㄗˋ己ㄐㄧˇ的名ㄇㄧㄥˊ氣ㄑㄧˋ，協ㄒㄧㄝˊ助ㄓㄨˋ賣ㄇㄞˋ出ㄔㄨ戰ㄓㄢˋ爭ㄓㄥ公ㄍㄨㄥ債ㄓㄞˋ來ㄌㄞˊ募ㄇㄨˋ款ㄎㄨㄢˇ。海ㄏㄞˇ蒂ㄉㄧˋ踏ㄊㄚˋ遍ㄅㄧㄢˋ全ㄑㄩㄢˊ美ㄇㄟˇ各ㄍㄜˋ地ㄉㄧˋ，舉ㄐㄩˇ辦ㄅㄢˋ銷ㄒㄧㄠ售ㄕㄡˋ大ㄉㄚˋ會ㄏㄨㄟˋ。她ㄊㄚ賣ㄇㄞˋ出ㄔㄨ了ㄌㄜ價ㄐㄧㄚˋ值ㄓˊ2500萬ㄨㄢˋ美ㄇㄟˇ元ㄩㄢˊ的戰ㄓㄢˋ爭ㄓㄥ公ㄍㄨㄥ債ㄓㄞˋ。

海蒂也在「好萊塢餐廳」（Hollywood Canteen）擔任義工，這是專為即將派赴戰場的美國大兵開設的俱樂部。為了提振士氣，她和他們聊天、跳舞。雖然每晚她的腳都會很痠痛，但她很高興自己能幫助那些士兵和水手。

不管需要做什麼工作，這個大明星都站在第一線幫忙。她甚至還幫忙洗碗盤！好萊塢餐廳的週五之夜，成了海蒂‧拉瑪之夜。

演戲或擔任義工之餘，海蒂繼續在她的發明研究室修修補補。拍完二十多部電影後，海蒂就息影了。

四十年後，軍方終於把海蒂發明的技術公開了。由於專利的期限早就過了，現在任何人都能自由使用這項發明，不必把這了不起的發明歸功給海蒂或喬治。

許多公司爭相把這個技術納入裝置和元件中。許多今天受歡迎的電子產品裡，都能找到這項技術。

「我無法理解為什麼全世界都在使用它，卻沒有任何致意……連一封信、一句致謝，甚至半毛錢都沒有。」

正是「跳頻展頻」這項技術，讓手機通話和簡訊得以保持私密性，也讓電腦和網際網路之間，能夠進行安全無線通訊，甚至能讓駭客難以劫走無人機。

這一切都是因為海蒂的構想才得以實現。

「我的一生中學到所多東西，擁有繽紛、
充滿生命力的人生，沒有任何遺憾了。」

在海蒂‧拉瑪和喬治‧安塞爾的專利獲准五十多年後，
世人才表彰他們的貢獻。1997年，兩位發明人因他們的
重大貢獻，榮獲電子疆界基金會（Electronic Frontier Founda-
tion, EFF）所頒發的先鋒獎（Pioneer Award）。

海蒂對於這項殊榮有何反應？
「早該如此了。」

海蒂生平大事紀

1914年11月9日	出生於奧地利維也納
1937年10月4日	到好萊塢，開始改用新的名字「海蒂·拉瑪」
1938年3月12日	納粹進駐奧地利（史稱「德奧合併」）
1938年8月5日	主演第一部英語電影《海角遊魂》
1938年11月9－10日	納粹襲擊德國境內的猶太人（史稱「水晶之夜」）
1940年夏天	結識喬治·安塞爾，談起她對發明東西的興趣
1940年秋天	與喬治一起發明導引魚雷的裝置
1940年12月	和美國發明家委員會分享跳頻展頻的設計圖
1941年6月10日	申請跳頻展頻的專利權
1941年12月7日	日本偷襲美國海軍在夏威夷的基地「珍珠港」
1941年12月8日	美國加入第二次世界大戰
1942年1－2月	海軍把魚雷導引系統列為機密
1942年8月11日	獲得專利，專利號US2292387A
1945年9月2日	第二次世界大戰結束
1953年4月10日	成為美國公民
1959年	專利期滿
1960年2月8日	在好萊塢星光大道摘星
1962年10月16－28日	古巴飛彈危機期間，美國魚雷配備了跳頻技術，但從未發射過
1981－1985年	跳頻技術解密，供商業用途和軍事用途
1991年	第一支手機推出
1997年3月20日	獲頒電子疆界基金會先鋒獎
2000年1月19日	在佛羅里達州卡西貝里去世
2014年	入選美國發明家名人堂
2017年4月	紀錄片《震撼彈：海蒂拉瑪的故事》首映（Bombshell: The Hedy Lamarr Story）

祕密通訊系統的祕密

　　海蒂發明的「跳頻展頻」，可以降低魚雷的無線電訊號遭其他人攔截的機率。它的原理是不斷改變無線傳輸的頻率。在不知道正確頻率的情況下，敵方無法攔阻、讀取或更改訊息。

　　不過，不管你的原創構想多麼棒，都無法單憑擁有構想而獲得專利。你還必須讓大家知道，你的構想在現實世界裡如何實現。這正是海蒂和喬治做到的事。這兩位發明家為他們的祕密通訊系統產出實際的物件。

　　控制這個系統的，是上頭打了洞的一卷卷色帶。每排孔洞對應到不同的頻率。為確保同時設定成相同的頻率，船艦上的發射器和魚雷上的接收器會使用同樣的色帶。

　　這個系統每秒會產生上百個跳頻。即使敵方猜到所使用的頻率也沒關係，因為發射器和接收器已經轉換到另一個頻率了，敵方攔截到訊息的機會很小。

　　訊號以短脈衝串傳送，每個短訊只含一個導引魚雷的指令，例如朝左轉向或潛到更深處。為了更混淆敵軍視聽，有些無線電訊號根本沒帶任何訊息。

　　跳頻系統若要正常運作，發射器和接收器必須同一時間改變頻率，兩卷色帶上的對應孔必須同時捲過控制磁頭。

為了做到這一點，海蒂和喬治在色帶上加了起始孔。魚雷發射前，這些孔裡的插針會讓色帶固定不動，魚雷一發射出去，插針鬆開，色帶就開始捲動了。

當海蒂和喬治用來執行跳頻的設計差不多完成時，還有一個問題沒解決。當初他們開發這個設計的時候，是把色帶想像成類似自動鋼琴的紙卷那樣，能夠控制88個不同的頻率。但魚雷不夠大，沒辦法應付這麼多頻率。

他們的解決方法是給發射器七個頻率，卻只給了接收器四個。多出的那三個頻率發送假訊號，不會含有真實的資料。事實上，美國海軍甚至可以利用這些訊號送出假情報。如果敵軍攔截到其中一個假訊息，他們不會發覺自己看到的是垃圾資料。

海蒂和喬治的發明完成了，他們創造了一個防干擾的魚雷導引系統。

更重要的是，他們發明出的技術，對我們每天用到的許多電子產品來說是不可或缺的。

參考書目

Barton, Ruth. *Hedy Lamarr: The Most Beautiful Woman in Film.*
Lexington: University of Kentucky, 2010.

Rhodes, Richard. Hedy's Folly: *The Life and Breakthrough Inventions of Hedy Lamarr, the Most Beautiful Woman in the World.*
New York: Doubleday, 2011.

Shearer, Stephen Michael. *Beautiful: The Life of Hedy Lamarr.*
New York: Thomas Dunne /St. Martin's, 2010.

Swaby, Rachel. *Headstrong: 52 Women Who Changed Science . . . and the World.*
New York: Broadway Books, 2015.

教案由此去▼

‧國民教育輔導團性別平等教育輔導小組　專家推薦與教案設計